QUELQUES VÉRITÉS

SUR LA

QUESTION AMÉRICAINE,

PAR

UN ANCIEN SECRÉTAIRE D'AMBASSADE.

EXTRAIT DU RÉNOVATEUR
DES 6, 7, 10 ET 12 FÉVRIER 1835.

Paris.

DENTU, AU PALAIS-ROYAL;

ET DANS LES BUREAUX DU RÉNOVATEUR,

RUE DE LOUVOIS, 10.

1835.

QUELQUES VÉRITÉS

SUR

LA QUESTION AMÉRICAINE.

Nous nous sommes proposés de résumer ici, dans un court aperçu, les négociations entamées sous l'empire, la restauration et la révolution de juillet, pour mettre un terme aux réclamations réciproques de la France et des États-Unis.

Les faits et les opinions que nous allons citer sont empruntés presque tous textuellement aux documens officiels publiés par le ministère.

Nous n'avons pas voulu discuter nous-mêmes la légalité des actes du régime impérial, parce que les questions soulevées par les décrets de Milan, Berlin et Rambouillet nous ont semblé résolues par les hommes éclairés de tous les partis et de toutes les époques qui les ont examinées depuis vingt ans. Nous avons cru plus utile de réunir ici les jugemens de ces hommes, et l'espèce d'unanimité qui les caractérise est, à nos yeux, la plus recommandable de toutes les opinions, la plus respectable de toutes les autorités.

La première partie de ce travail, tirée d'un rapport au roi, du 9 juillet 1825, comprend les faits qui ont donné lieu aux réclamations des Américains.

La seconde comprend le résumé des négociations et des discussions qui ont été entamées sous tous nos gouvernemens.

PREMIÈRE PARTIE.

FAITS.

Tous les griefs antérieurs à 1803 avaient été réglés par les conventions conclues à cette époque, qui mirent les Etats-Unis en possession de la Louisiane.

En 1804, l'Angleterre déclara en état de blocus les ports de la Guadeloupe, de la Martinique, de Curuçaa et les côtes de la Manche, depuis Fécamp et Dieppe jusqu'à Ostende.

En 1806, l'Ems, le Weser, l'Elbe et la Trave furent aussi déclarés en état de blocus.

A ces mesures impossibles à exécuter, la France répondit par des mesures analogues ; les îles britaniques furent déclarées, à leur tour, en état de blocus par décret du 21 novembre 1806.

L'Angleterre exerça alors de nouvelles rigueurs, et le conseil de l'amirauté, par décret du 11 novembre 1807, prohiba tout commerce direct entre l'Amérique et les ports d'Europe qui étaient en état de guerre contre la Grande-Bretagne, et établit un droit de visite sur les neutres.

C'est à cette époque que Napoléon, par les décrets de Milan et de Berlin, des 23 novembre et 17 décembre 1807, déclara que les neutres qui se soumettraient au droit de visite seraient considérés comme dénationalisés.

Cette mesure était sévère, mais elle était motivée par la condescendance des Américains pour les exigences du gouvernement britannique.

Lés Etats-Unis avaient alors le monopole du commerce du monde ; eux seuls eurent à souffrir des conséquences des décrets impériaux ; mais quelque fréquentes que fussent leurs pertes, elles étaient encore compensées par d'immenses bénéfices.

Néanmoins le gouvernement de Washington, en représailles dés mesures adoptées par le gouvernement français, établit d'abord, au mois de décembre 1807, un *embargo* dans tous les ports de l'Union ; cette mesure, mal calculée, ayant été plus funeste qu'utile à son commerce, l'acte d'*embargo* fut remplacé, le 1er mars 1809, par un bill de *non-intercourse* qui prohibait toute relation commerciale directe ou indirecte entre la France et les Etats-Unis, et qui les rétablissait avec toutes les autres puissances, à l'exception de l'Angleterre.

Ce bill, plus rigoureux mille fois que le décret de Milan, donna lieu à une décision du 10 février 1810, qui ordonna la vente de tous les bâtimens américains arrêtés à Saint-Sébastien, et au décret de Rambouillet du 23 mars 1810, qui ordonnait la saisie de tout bâtiment américain qui, à compter du 20 mai 1809, serait entré ou entrerait dans un port de la France ou de ses colonies, et ordonnait le dépôt du produit des ventes à la caisse d'amortissement. (Il importe de noter qu'il ne s'agit ici que d'un dépôt.)

Le 5 août 1810, un autre décret ordonna que les sommes déposées dans cette caisse seraient transportées au trésor public. On se fondait, pour rendre cette confiscation *définitive*, sur l'exemple donné par les Etats-Unis dans l'application de leur bill de *non-intercourse.*

Cependant on désirait, de part et d'autre, mettre un terme à cet état violent, et, le même jour, le 5 août 1810, en réponse à une ouverture du gouvernement des Etats-Unis, qui annonçait que l'acte de *non-intercourse* cesserait d'être appliqué à la puissance qui révoquerait ses décrets à l'égard des neutres, le ministre des affaires étrangères fit connaître au ministre américain que, à dater du 1er novembre suivant, les décrets de Berlin et de Milan seraient regardés comme non-avenus *si* les Etats-Unis prenaient des mesures pour résister aux ordres du conseil britannique. Le gouvernement fédéral, lorsqu'il en fut informé, le 2 novembre 1810, révoqua le bill de *non-intercourse* à l'égard de la France; un délai fut donné au gouvernement anglais, jusqu'au 2 février 1811, pour révoquer ses ordres; mais ce gouvernement n'en ayant pas profité, l'acte de *non-intercourse* continua à être mis en vigueur à son égard.

Cette résistance du gouvernement des Etats-Unis aux arrêts du conseil britannique, décida le gouvernement français à déclarer, par un décret du 28 avril 1811, que ceux de Berlin et de Milan étaient définitivement révoqués envers les bâtimens américains, à dater du 1er novembre 1810.

Si l'on compare les dates des différentes mesures dont nous venons de donner un aperçu chronologique, on peut s'apercevoir que les décrets du gouvernement impérial et ceux du gouvernement des Etats-Unis ne sont qu'une série de représailles dans une progression toujours croissante, et il est impossible d'élever le plus léger doute à cet égard, quand on lit les considérans sur lesquels chacun des gouvernemens a cru devoir fonder ses décrets. Nous avons dû nous borner à en citer sommairement quelques uns; mais nous pouvons assurer que les documens que nous avons parcourus prouvent jusqu'à l'évidence que la France et les Etats-Unis ont cherché à se faire justice à eux-mêmes.

Le décret du 28 avril 1811 est le dernier de cette suite de représailles qui avaient commencé en 1806. Les saisies faites jusqu'au 1er novembre furent regardées comme irrévocables par Napoléon, et il ne donna jamais aux Américains l'espoir qu'ils seraient indemnisés des pertes qu'ils avaient faites avant cette époque.

Cependant, quelques bâtimens américains furent encore arrêtés postérieurement au 1er novembre, ce qui n'étonnera personne sans doute, puisque ce décret, qui révoquait ceux de Milan et de Berlin, à partir du 1er novembre, n'avait paru que le 28 avril 1811, et qu'il établissait en principe la rétroactivité ; ces actes donnèrent lieu aux premières réclamations du gouvernement fédéral, et alors s'ouvrit une série de négociations dont nous allons suivre attentivement la marche.

DEUXIÈME PARTIE.

NÉGOCIATIONS.

EMPIRE.

M. Barlow, ministre des Etats-Unis en 1811 fut chargé de faire valoir, près du gouvernement français, les réclamations que les Américains se croyaient fondés à présenter. Mais les événemens militaires de cette époque interrompirent ces négociations. M. Barlow se rendit à Wilna en 1812, et il fut au moment d'y conclure un traité de commerce ; mais il mourut dans cette ville, laissant ses travaux imparfaits.

Il nous serait impossible de préciser les limites dans lesquelles se renfermaient à cette époque les réclamations des Etats-Unis ; mais nous pouvons au moins apprécier, d'après un rapport de M. le duc de Bassano, daté du 6 octobre 1812, dans quelles limites le gouvernement impérial voulait les circonscrire, par quelles considérations il aurait été disposé à les reconnaître, et quel mode de compensation il aurait adopté.

On lit dans ce rapport :

« Les Américains font remonter leurs demandes d'indemnité au-delà du 1er novembre 1810. Il n'y a plus à remettre en question les événemens antérieurs à cette époque, qui appartiennent à un *système de représailles où les procédés ont été de même de part et d'autre, quoique les résultats aient été différens*. Mais depuis tout doit être réglé d'après les principes de conciliation et d'amitié.

» Dans la situation actuelle des États-Unis, situation hostile envers nos ennemis, équivoque à notre égard, je pense qu'il entre également dans les vues de V. M. et dans les intérêts de son empire, d'attacher les Américains à sa cause par de *nouvelles faveurs*, et de chercher à leur assurer, par des moyens qui ne coûtent au trésor public aucun sacrifice, l'indemnité des pertes qu'ils ont faites *depuis le 1er novembre 1810.*

» La cession des Florides paraît être le mode le plus convenable pour terminer l'affaire des indemnités. Celle de la Louisiane avait déjà servi à éteindre des discussions de même nature, et depuis l'acquisition de la Louisiane, les États-Unis sont encore plus intéressés à se confirmer dans la possession de ces nouvelles provinces.

» J'ai l'honneur de proposer à V. M. de terminer, par des engagemens relatifs à la cession des Florides, et conformément aux bases exprimées dans ce rapport, l'affaire des indemnités. »

Dans un second rapport du 27 novembre 1812, M. le duc de Bassano, après avoir rendu compte des difficultés que faisait le ministre américain d'adhérer aux bases proposées dans le rapport du 1er novembre, disait : « C'est seulement pour trois classes de bâtimens, savoir : pour ceux qui sont partis pour France avant de connaître les décrets, pour ceux qui ont été pris depuis leur révocation, pour ceux qui ont été brûlés ou détruits en mer, qu'il me paraît juste d'accorder une indemnité.

» Je prie V. M. de vouloir prononcer sur le mode d'indemnité qui pourra être adopté, de décider s'il faudra s'en tenir à la proposition d'un arrangement sur les Florides, si l'on pourra céder aux Américains des prétentions de territoire jusqu'au Rio-Bravo, si enfin il convient davantage de se borner à hypothéquer sur le trésor, à des termes plus ou moins longs, le paiement des indemnités.

» V. M. est suppliée de me donner incessamment ses ordres. M. Barlow s'est rendu à Wilna pour continuer la négociation. Il est utile qu'elle se termine bientôt pour relever l'opinion des États-Unis, pour les *rattacher* à la France par leur plus important intérêt, celui du commerce, et pour les *soutenir dans la guerre où ils sont engagés* contre l'Angleterre. »

Dans un nouveau rapport, du 5 février 1813, M. le duc de Bassano proposait de conclure une convention commerciale avec les Etat-Unis, par laquelle il serait accordé une indemnité pour les bâtimens désignés dans le rapport précédent.

Les motifs sur lesquels il fondait la nécessité d'une convention étaient les mêmes que ceux qu'il avait présentés en 1812.

D'après ce rapport, le ministre des Etats-Unis évaluait à 3o *millions* les indemnités qu'il *croyait* dues aux Américains.

Enfin, le duc de Vicence, dans un rapport du 11 juin 1814, évaluait approximativement les créances américaines à 12 millions, et supposait qu'elles s'élèveraient au plus à 18 millions.

Comme on a beaucoup abusé de cette supposition, nous devons faire observer ici qu'elle était tout-à-fait gratuite, car il a été reconnu depuis, par la commission de 1831, que les catégories dont il est ici question présentaient au plus une valeur de 13,747,992 francs, ainsi que nous le verrons plus bas.

Au surplus, M. de Vicence concluait ainsi :

« Je prie V. M. de me donner des ordres sur les questions suivantes :

« Sera-t-il accordé une indemnité aux Américains ?

« Cette indemnité aura-t-elle lieu, 1° pour les bâtimens saisis depuis le 1er novembre 1810 ; 2° pour ceux qui n'avaient pas connaissance des décrets qu'on leur appliquait ; 3° pour ceux qui ont été détruits en mer ; 4° pour ceux qui ont été séquestrés à Saint-Sébastien ?

« Ces questions sont elles-mêmes subordonnées à la question principale : Sera-t-il donné suite à la négociation commencée avec les Etats-Unis ? »

D'après ces extraits textuels des rapports rédigés sous l'empire, il est sans doute bien évident que, jusqu'au dernier jour du gouvernement impérial, la question de savoir si l'on indemniserait les Etats-Etats est restée douteuse ; que l'indemnité à accorder éventuellement était restreinte aux quatre catégories ci-dessus désignées.

On a donc abusé étrangement des documens officiels, lorsqu'on a prétendu que l'empire avait reconnu en principe les réclamations des Etats-Unis : MM. de Vicence et de Bassano n'ont jamais rien signé de semblable, et leur opinion constante se résume dans ces trois propositions :

1° Il pourrait y avoir avantage, dans la situation de la France vis-à-vis de l'Angleterre, d'accorder, comme *faveur* aux Etats-Unis, la reconnaissance d'une partie de leurs réclamations ;

2° Cette partie comprendrait éventuellement quatre catégories représentant une valeur approximative de 12 millions ;

3° L'indemnité à leur offrir pourrait être un traité pour la cession des Florides.

Voilà ce que les ministres de Napoléon ont proposé dans leurs rapports ; encore faut-il remarquer que l'opinion de ces ministres ne peut avoir le caractère officiel qu'on accorde ordinairement dans les gouvernemens représentatifs aux opinions des membres responsables du conseil. MM. de Bassano et de Vicence étaient des commis plus ou moins habiles, mais leur avis ne comptait pour rien ; la volonté de Napoléon seule faisait loi, et jamais il ne l'a fait connaître dans l'affaire des créances américaines.

RESTAURATION.

Le gouvernement royal hérita des difficultés que l'empire n'avait pas résolues ; mais sans s'occuper d'abord des griefs antérieurs à la restauration, il s'attacha à faire renaître la confiance et les relations amicales entre les deux pays.

Sa situation était plus favorable que celle de l'empire ; la paix dont il jouissait avec l'Europe ne le forçait pas à demander des alliés à l'Amérique ; les États-Unis, au contraire, en guerre avec la Grande-Bretagne, s'estimaient trop heureux d'avoir sur les côtes de France des refuges pour leurs navires incessamment menacés par les croiseurs anglais.

Aussi les ministres de la branche aînée n'eurent-ils pas de peine à ajourner les négociations que les États-Unis proposèrent plusieurs fois d'entamer au sujet de leurs réclamations. Il est même à présumer que la restauration n'aurait jamais consenti à réparer les malheurs causés par l'empire, car elle semblait autorisée à établir ce principe d'après l'opinion des hommes les plus distingués qui furent consultés dans cette affaire, et parmi lesquels se trouve le baron Mounier, dont l'avis doit être ici d'un grand poids.

Cependant il se présenta des circonstances qui engagèrent la restauration à faire fléchir ce principe devant l'espoir qu'il ne serait pas sacrifié en vain.

En 1817, des négocians français se plaignirent de n'être pas traités à la Louisiane sur le pied des nations les plus favorisées, ainsi qu'ils y avaient droit par les articles 7 et 8 du traité de cession de la Louisiane. L'article 7 porte que l'Espagne et la France seront traitées à la Louisiane pendant douze ans sur le pied de la nation la plus favorisée. L'article 8 porte : « *A l'avenir et pour toujours*, après l'expiration des douze années susdites, les navires français seront traités sur le pied de la nation *la plus favorisée* dans les ports ci-dessus mentionnés. » Le duc de Richelieu fit aussitôt demander des explications aux Etats-Unis sur la non-exécution du traité de 1803. M. Hyde de Neuville était alors ministre du roi à Washington, et malgré ses vives instances et nos droits formels, le président de la république américaine refusa d'exécuter le traité. Il allégnait que l'Angleterre, alors la nation la plus favorisée, n'avait obtenu les avantages dont nous réclamions la jouissance qu'en échange d'autres avantages ; qu'il était de règle dans les états de l'Union de n'accorder aucune faveur à titre gratuit, et que la constitution établissant une égalité parfaite entre tous les états, la Louisiane ne pouvait se trouver dans une condition particulière par rapport à la France.

Ces objections étaient, il faut le dire, un acte de mauvaise foi, le traité de 1803 avait été discuté dans le congrès des Etats-Unis. Ceux des états qui étaient jaloux des avantages qu'il procurait à la Louisiane avaient alors présenté les mêmes objections ; on avait été jusqu'à dire que la cession de la Louisiane ne valait que cinquante millions, et que les avantages cédés par le traité étaient beaucoup plus considérables. Cependant le traité avait été sanctionné par la majorité du congrès, ses stipulations avaient été par là reconnues légales, et elles ne pouvaient être frappées après coup d'inconstitutionnalité.

Le gouvernement de la restauration était dans son droit ; il insista, et décida dès-lors qu'il n'entamerait aucune négociation avec les Etats-Unis sur l'affaire des navires capturés, que conjointement avec celle qui se rapportait au traité de la Louisiane.

Au milieu de tous ces délais survinrent des affaires d'un intérêt plus général ; de part et d'autre, le commerce était chargé de droits trop onéreux ; on sentait la nécessité de les réduire, et une convention fut conclue le 22 juin 1822 avec les Etats-Unis : elle ne portait que sur les relations commerciales, et le gouvernement du roi se réservait de se concerter plus tard sur l'exécution de l'art. 8.

Les Etats-Unis continuèrent à présenter leurs réclamations, sans vouloir revenir sur celles de la France ; mais le 7 mai 1824, M. Brown, ministre américain, reçut du vicomte de Châteaubriand une lettre dont voici la dernière phrase :

« S. M. m'autorise à vous déclarer qu'une négociation sera ouverte avec vous sur les réclamations américaines, si cette négociation doit aussi comprendre les réclamations françaises, et *notamment les arrangemens à prendre sur l'exécution de l'article 8 du traité de la Louisiane.* »

Un rapport du département des affaires étrangères fut présenté au roi quelque temps après le 9 juillet 1825. Ce rapport n'a pas été signé, mais il établit en substance :

1° Que la réclamation des Etats-Unis peut être contestée en principe, attendu que les cours de Sicile, de Danemark et des Pays-Bas n'ont jamais reconnu les réclamations du même genre, présentées par le gouvernement de Washington.

2° Que deux catégories de navires seulement pourraient être admises à une indemnisation éventuelle ; savoir : celle des navires brûlés en mer, qui, d'après les évaluations de 1831, comprend treize navires, et représente une somme de deux millions 194,735 fr. ; et celle des navires saisis, lorsque les décrets de Milan et de Berlin n'étaient plus en vigueur. Elle comprend huit navires, et représente une somme de un million 771,580 fr., ce qui porte l'indemnité éventuelle à trois millions 966, 315 fr.

3° Que l'on doit réunir dans une même négociation l'affaire des réclamations américaines et celle des priviléges dont la France a le droit de jouir dans les ports de la Louisiane.

Les affaires restèrent dans cette position jusqu'au commencement de l'année 1830. Les Etats-Unis, comprenant sans doute alors qu'il était indispensable d'offrir à la France, sinon l'exécution de l'art. 8, au moins une compensation à la perte qui en résulte pour elle, firent présenter par M. Rives un projet de traité où des réductions de droit sur le commerce étaient présentées à côté des réclamations pour les navires capturés. La commission de liquidation des créances étrangères, présidée par M. Mounier, fut chargée d'examiner ce projet, et elle présenta, le 31 mars 1830, un rapport aussi défavorable à la créance américaine que celui de 1825.

Il rejette toutes les réclamations déjà écartées par ce rapport ; il établit que les décrets de Berlin et de Milan ne doivent pas être considérés comme les lois ordinaires, qui ne peuvent être exécutoires qu'après un délai. Ces décrets sont des actes violens, des représailles ; aucun délai n'a été fixé ; il ne peut en être invoqué aucun. Si les Etats Unis en ont accordé un lors du bill d'embargo, c'est que ce délai était expressément écrit dans le bill.

Enfin il arrive à cette conclusion dont il fait la base de toute négociation : «Dans cet état de choses il nous paraîtrait qu'en faisant connaître au gouvernement des Etats-Unis que le gouvernement du roi n'a *jamais entendu réparer* les actes d'injustice, de violence ou de spoliation commis sous le gouvernement impérial, on pourrait déclarer que la France renoncera à toute réclamation au sujet de l'infraction à l'art. 8 du traité de la cession de la Louisiane, à condition que le gouvernement fédéral renoncera de son côté à toute réclamation relative aux suites des actes antérieurs au gouvernement du roi. »

Les signataires de ce rapport sont MM. Mounier, A. du Bouzet, Jules Bessières, Hély-d'Oisel, Dupleix de Mezy (1).

Nous pouvons donc affirmer, d'après les actes officiels produits par le ministère actuel lui-même, que la restauration n'a jamais reconnu en principe les réclamations présentées par les Etats-Unis ; qu'elle a restreint l'indemnité éventuelle à deux catégories de navires, qui représentent une valeur d'environ 4 millions, et que, dans cette éventualité, elle n'a jamais eu le projet de grever le trésor, mais de sacrifier seulement les réclamations qu'elle était elle-même en droit de faire relativement à l'art. 8 du traité de 1803.

RÉVOLUTION DE JUILLET.

La première chose qui nous frappe dans les négociations du gouvernement de juillet touchant la créance américaine, c'est la promptitude avec laquelle elles ont été entamées et conclues. Nous trouvons déjà, le 14 octobre, un rapport fait par M. Molé, et une commission nommée par ce ministre pour l'examen de la question. On ne comprend pas cet empressement quand on pense au désordre qui régnait à cette époque dans tous les ministères, et notamment dans celui des relations extérieures, où il n'y avait ni chefs ni sous-chefs, car ceux qui s'y trouvaient avant la chute de M. de Polignac avaient donné leur démission, et leurs fonctions étaient remplies provisoirement par des hommes peu au courant des affaires. A cette époque de désordre et de réorganisation où toutes les questions étaient ajournées, on est en droit de se demander quelle nécessité secrète poussait le ministre de Louis-Philippe à la liquidation de la créance américaine.

Le rapport de M. Molé ne répond pas à cette question, car nous y voyons que le gouvernement de la branche aînée n'avait *consenti que par pure bienveillance à examiner les réclamations des Américains*, et que M. Rives comprenait que ce gouvernement a pu, *jusqu'à un certain point, répudier la responsabilité des actes du régime impérial.* Certes, nous aurions vu

---

(1) Nous ne devons pas passer sous silence que ce rapport est morcelé dans les documens imprimés pour les chambres.

pour le gouvernement de juillet beaucoup de motifs pour répudier à son tour cette responsabilité ; mais M. Molé a *dû* sans doute en juger autrement, car il propose d'entrer immédiatement en négociations avec les Etats-Unis.

Cet empressement, nous le répétons, est inexplicable, et ce qui l'est encore bien moins, c'est que M. Molé ait proposé de *continuer la négociation sur les bases posées par le dernier gouvernement*, et qu'on en ait admis depuis de nouvelles. Pendant que M. Sébastiani est ici, il devrait, pour son honneur, donner quelques éclaircissemens à cet égard.

Mais passons au rapport de la commission de 1831, car il mérite une attention particulière.

Remarquons d'abord qu'il y a eu division parmi les membres de cette commission ; la majorité, composée de MM. Lainé, Ch. Beslay, Delessert et d'Audiffret, a émis une opinion qui se rapproche de celle des commissions précédentes ; la minorité, composée de MM. Lafayette et Pichon, a abondé complaisamment dans toutes les propositions faites par le ministre des Etats-Unis. Et, chose singulière ! c'est M. Pichon, membre de la minorité, qui a fait le rapport.

La majorité proposait de reconnaître trois catégories de navires dont la valeur était estimée à 13,747,992 fr., d'après les états présentés par le ministère ; mais elle pensait que cette estimation, faite d'après le prix excessif auquel le blocus continental avait porté les denrées, devait être réduite de 1,800,000 fr ; toutefois, voulant éviter les difficultés et comprendre les omissions possibles, elle fixait en bloc le *maximum* de l'indemnité à offrir à la somme de *douze millions*.

La minorité, au contraire, proposait d'accorder aux Etats-Unis une somme fixe de 30 millions. La minorité n'a voulu désigner aucune catégorie ; elle a reconnu en masse toutes les réclamations qui, suivant les états présentés par M. Rives, forment un total de 70 millions qu'elle a réduits à 30.

Nous sommes fâchés de dire que les conclusions de la minorité sont à la fois vagues, exorbitantes et injustes ; injustes surtout, puisqu'elles admettent intégralement les réclamations des Américains et qu'elles retranchent les 4/7 de la dette reconnue. Il est curieux de voir comment la minorité de la commission est arrivée à ce résultat : c'est en consultant Grotius et Puffendorf. M. Lafayette, qui a proclamé que l'insurrection est le plus saint des devoirs, consultant Grotius pour prouver que nous devons 70 millions aux États-Unis, sera sans doute pour le monde un singulier spectacle.

L'opinion de la majorité était plus précise, plus équitable et plus motivée ; elle payait tout ce qu'elle avait reconnu.

Quant à l'article 8 du traité de la Louisiane, la commission a été unanime dans ses conclusions ; les voici :

« Le gouvernement français a le droit de se prévaloir de l'article 8 du traité de 1803, pour exiger que les vaisseaux et son commerce ne paient pas, dans les ports de la Louisiane , plus de droits que les Anglais, qui sont aujourd'hui la puissance la plus favorisée.

« Il appartient au gouvernement seul de décider s'il convient à la France de renoncer à l'avantage perpétuel de cet article, soit pour faciliter, par voie de compensation, la négociation sur les indemnités américaines, soit pour améliorer, en modifiant l'accord de 1822, notre navigation et notre commerce avec les Etats-Unis. »

Passons maintenant à l'examen du traité conclu le 4 juillet 1831, et voyons comment le gouvernement de juillet a résolu des questions débattues depuis plus de vingt ans, et comment il s'est conformé à ce que lui commandaient l'intérêt et la dignité de la France.

Récapitulons. Nous avons vu que, sous l'empire , sans reconnaître les prétentions des Etats-Unis, les ministres de Napoléon étaient d'avis qu'on pouvait, *par faveur*, et dans le but d'engager les Américains à continuer la guerre contre les Anglais, admettre trois catégories de navires à une indemnisation. La première comprenait les bâtimens saisis depuis le 1er novembre 1810, et la seconde, les navires partis d'Amérique avant d'avoir pu connaître les décrets ; la troisième, les navires brûlés en mer.

Les indemnités présumées s'élevaient, pour la première catégorie, à . . . . 1,800,000 f.

Pour la deuxième, à 1,700,000

Pour la troisième, à 2,200,000

A ces catégories, M. de Vicence, en 1814, en ajoutait une quatrième, celle des navires séquestrés à Saint-Sébastien , car le traité des Florides n'existait pas alors ; l'indemnité pour cette catégorie s'élevait à 7,300,000

Total, . . . 13,000,000

Ces 13 millions étaient en quelque sorte une *subvention* de guerre dans la pensée des ministres de l'empire, et non pas une *dette*. Aussi, le rapport de M. de Vicence, qui est le dernier de l'empire, présentait cette créance sous la forme dubitative, et demandait textuellement en concluant : « Sera-t-il accordé une indemnité aux Américains ? Cette indemnité aura-t-elle lieu pour les catégories ci-dessus indiquées ? » Encore faut-il bien remarquer qu'un traité pour la cession des Florides était proposé comme moyen de compensation dans le cas où l'indemnité serait résolue.

La restauration n'admit pas en principe les réclamations des Etats-Unis ; mais dans l'éventualité d'une indemnisation, elle retrancha la première et la quatrième catégorie ; la première, parce que le décret de Milan étant dirigés contre les Américains aussi bien que contre les Anglais, il n'y avait pas lieu de les soumettre aux formalités d'usage pour la publication des lois ordinaires ; la seconde, parce que le traité de cession des Florides, conclu depuis la chute de l'empire, annulait textuellement les indemnités à payer pour les navires saisis dans les ports d'Espagne. Les ministres de l'empire en auraient fait autant, sans nul doute, si le traité des Florides avait été conclu de leur temps. Restaient donc deux catégories, la première et la troisième, qui représentent, d'après les dernières estimations, une valeur de 4,966,315 fr. ; disons 5 millions ; quant au moyen de liquider cette créance, la seule admissible s'il y avait lieu, les ministres de la restauration voyaient, dans l'abandon des réclamations relatives à l'article 8 du traité de 1803, une compensation plus que suffisante.

Qu'a fait le gouvernement de juillet ? Éclairé par ces longues discussions, il a nommé une commission, dont la majorité, admettant les quatre catégories de l'empire, a porté l'indemnité à offrir aux Américains à une somme de 12 millions. Le traité de cession des Florides ayant annulé la quatrième catégorie, le gouvernement semblait devoir réduire d'autant l'indemnité, et la fixer à 6,641,870 fr., total des trois catégories restantes. Loin de là, le traité du 4 juillet 1831 porte l'indemnité à 25 millions ! !... qui s'augmentent chaque jour des intérêts de cette somme, à partir du 2 février 1832.

Il y a plus, le gouvernement de juillet abandonne les réclamations relatives au traité de 1803, c'est-à-dire l'indemnité à réclamer 1° pour le tort fait à notre commerce par plusieurs années de non-exécution du traité, et 2° pour les avantages qu'on pouvait en recueillir à l'avenir, en échange d'une diminution sur les droits des vins de France ! Encore, de son côté, est-il obligé, pour obtenir cette faveur, de diminuer les droits sur les cotons américains. Quel avantage a donc pour la France la réduction de droits sur ses vins ?

La commission de 1831, consultée par le gouvernement avant la conclusion du traité des 25 millions, s'est exprimée dans les termes suivans :

« La constitution des Etats-Unis ne leur permet pas de favoriser les vins de France par des droits inférieurs à ceux des autres puissances. Pour nous donner quelque avantage, le gouvernement des Etats-Unis sera obligé de baisser les droits sur tous les vins, quels que soient les pays de production.

« Mais la France y trouverait peu de profit; les tableaux annexés à la lettre du secrétaire d'état de la trésorerie américaine, pour 1827, font voir ce résultat des importations aux Etats-Unis :

« De France, 18,000 gallons ; d'Espagne, 51,000 gallons ; de Madère, 147,000 gallons ; de Portugal et Sicile, 277,000 gallons.

« Une réduction n'aurait donc probablement pour effet que de favoriser la consommation des vins moins chers, et auxquels les Américains sont habitués. »

Ainsi, le gouvernement de juillet a sacrifié les prétentions sur l'art. 8 du traité de 1803, évaluées dans le congrès américain à plus de 50 millions, et il a diminué les droits perçus sur les cotons américains, pour une diminution de droits qui profitera aux vins d'Espagne, de Madère, de Portugal et de Sicile.

Enfin, il a accordé 25 millions pour des réclamations dont le *maximum éventuel* était fixé sous l'empire à 13 millions, et sous la restauration à moins de 5.

Nous mettons le ministère au défi de contester une seule de nos assertions, attendu qu'elles sont empruntées aux documens officiels, qu'il a mis lui-même à la diposition des chambres.

Un ancien Secrétaire d'ambassade.

Paris, Imprimerie de A. BELIN, 55, rue Ste-Anne, près le Palais-Royal.